O Livro das Atitudes

Texto: SÔNIA CAFÉ
Ilustrações: NEIDE INNECCO

Editora Pensamento
SÃO PAULO

Copyright © 1992 Sônia Café e Neide Innecco.

Copyright © 1992 Editora Pensamento-Cultrix Ltda.

1ª edição 1992.

29ª reimpressão 2023.

Todos os direitos reservados. Nenhuma parte deste livro pode ser reproduzida ou usada de qualquer forma ou por qualquer meio, eletrônico ou mecânico, inclusive fotocópias, gravações ou sistema de armazenamento em banco de dados, sem permissão por escrito exceto nos casos de trechos curtos citados em resenhas críticas ou artigos de revistas.

Direitos reservados
EDITORA PENSAMENTO-CULTRIX LTDA.
Rua Dr. Mário Vicente, 368 – 04270-000 – São Paulo, SP
Fone: (11) 2066-9000
E-mail: atendimento@editorapensamento.com.br
http://www.editorapensamento.com.br
Foi feito o depósito legal.

O Livro das Atitudes

A maior revolução de nossos tempos é a descoberta de que ao mudar as atitudes internas de suas mentes, os seres humanos podem mudar os aspectos externos de suas vidas.

William James

Este livro é dedicado,
com amorosa gratidão,
ao Anjo de Nazaré
que nos tocou profundamente a Alma
e nos abriu as portas da percepção.

INTRODUÇÃO

Podemos manifestar atitudes através dos pensamentos, dos sentimentos, do corpo e das palavras. Toda atitude pede uma forma de ação visível ou invisível. Essa ação nos coloca no processo de invocar e vivenciar as qualidades essenciais que queremos imprimir em nossa vida. Quando intelectualmente compreendemos alguma coisa, é preciso que ancoremos no coração essa compreensão e a transformemos numa atitude que estamos dispostos a assumir.

São infinitas as maneiras como podemos agir, e toda ação implica uma escolha que se reflete imediatamente no ambiente onde vivemos. Quando podemos estar atentos ao modo como iremos agir, os nossos atos se revestirão das atitudes que escolhemos assumir e criamos uma rede luminosa e sincrônica de qualidade que leva tudo a fluir em sintonia com nossas escolhas.

Assim, atitudes consciente e amorosamente assumidas são a chave para um viver em sintonia com a nossa verdadeira Essência. Responder, aqui e agora, com o gesto, a palavra, o sentimento ou o pensamento corretos e apropriados é a dádiva mais plena que podemos acolher no centro do nosso ser.

Em toda a natureza, miríades de seres invisíveis estão fazendo uma profunda interação energética para que os nossos sentidos percebam a realidade multicolorida e multifacetada que nos rodeia. Nós, seres humanos, somos uma parte muito importante de um todo vibrante e integrado em muitas dimensões de vida e consciência. A qualidade de vida nesse "todo" depende muito das atitudes que decidimos viver.

Quando uma flor desabrocha na floresta e um beija-flor vem beber-lhe o néctar, é possível intuir a presença da alegria na vulnerabilidade da flor que se abre e se entrega ao beijo do pássaro. Suas atitudes são orgânicas e refletem a dádiva da preciosa e equilibrada sincronia que a tudo une na Natureza.

O Ser Humano é o único que pode conscientemente escolher o direcionamento de suas ações, tornando visíveis as intenções de sua Essência Divina e, através de suas atitudes, demonstrar o valor de suas palavras, o poder de seus pensamentos e o calor de seus sentimentos em tudo o que realiza.

Quando realizamos toda e qualquer ação, seja simplesmente pensando, sentindo ou atuando concretamente (tendo presente que "não agir" na hora e momento certo é uma forma de ação), conscientes da correta atitude para cada momento, criamos uma abertura para as dimensões mais profundas no nosso Ser, onde temos acesso ao amor e à sabedoria sem limites.

A qualidade presente em nossa consciência quando assumimos atitudes é o que determina o campo vibratório e sensível onde iremos atuar e viver a plenitude de sermos, simultaneamente, humanos e divinos.

COMO USAR O LIVRO DAS ATITUDES

Este é um livro para você exercitar e valorizar a sintonia com a sua Essência Interior na hora de agir. Ele lhe faz um convite: — o de tornar-se consciente de quão importantes são as nossas atitudes e de como elas refletem o que atraímos e criamos no dia-a-dia de nossas vidas.

Se estivermos conscientes de qual atitude tomar diante de certas situações, estaremos usando o nosso potencial criativo em sua plenitude e respondendo com inteligência e amor aos desafios e propostas que se nos apresentem.

O Livro das Atitudes se propõe a ser um elo de união consciente entre você e o ambiente onde vive, seja ele composto de elementos naturais ou de objetos que nós mesmos criamos com a ajuda da Natureza e seus Construtores, e de todas as pessoas e seres que compartilham de um mesmo

Planeta-casa. Use-o quando precisar de um companheiro amigo que pode auxiliá-lo na busca da atitude que melhor corresponda à sua ação. Para tanto, consulte-o levando em consideração os seguintes pontos:

- É a sintonia consciente que você cria com a sua própria Essência Interior que atrai e manifesta a sincronicidade na sua vida. É ela que irá inspirá-lo a entrar em contato com a página certa.

- Faça um instante de silêncio para criar uma conexão consciente com a sua Essência Interior de modo que possa ver com maior amplitude o todo de uma questão. Sua verdadeira realidade é essa Essência, que neste livro estamos chamando de "Alma".

- Visualize, ou escreva, ou fale em voz alta a indagação ou situação que você quer enfocar e para a qual quer obter clareza quanto à atitude a ser tomada. Abra o seu coração e a sua mente para recebê-la.

- Ao abrir o livro, você irá encontrar, na página da direita, um texto reflexivo sobre a atitude com a qual acaba de se sincronizar e uma graciosa ilustração que poderá inspirá-lo com imagens e associações significativas para você, naquele instante. Virando a página, encontrará algumas sugestões para colocar em prática essa atitude em sua vida. Deixamos um espaço em branco para que você também possa acrescentar as suas próprias sugestões.

O Livro das Atitudes também poderá ser usado para inspirar atitudes conscientes em pessoas que trabalham em grupo e compartilham de um mesmo propósito e processo de desenvolvimento.

Neste livro, uma variedade de seres e elementos da Natureza ilustram as atitudes que podemos assumir humanamente e, ao mesmo tempo, nos convidam a conscientizar os muitos níveis de vida e inteligência que habitam as diferentes dimensões do nosso lindo Planeta Terra.

Que você possa ter lindos momentos de sintonia e que as suas atitudes conscientemente transformem e curem a sua vida.

Tome uma atitude ARROJADA

Nem sempre a razão conhece o caminho correto para a ação. Há momentos em que só saberemos com agir após termos dado um primeiro passo em direção ao desconhecido. Quando percebemos que a nossa Alma, de algum lugar mais abrangente, consegue ver o mapa de todo o território da nossa vida, deixamos de lado os excessos de intelectualização e a necessidade de estar sempre no controle; desse modo, nos sentimos mais confiantes e seguros para seguir adiante. Os espíritos pioneiros sabem o verdadeiro valor de tomar atitudes arrojadas.

Sugestões práticas para uma atitude Arrojada:

- Faça alguma coisa que lhe pareça "arrojada" (isso, de modo algum, quer dizer pôr em risco a sua integridade física). Não tenha medo de caminhar em direção ao desconhecido.

- Peça a alguém que lhe faça um carinho, ou qualquer coisa que você normalmente não teria coragem de pedir. (Corra o risco de desapegar-se de resultados.)

- Dê o primeiro passo para restabelecer a comunicação positiva e amorosa num relacionamento.

- Arrisque-se a sorrir ou a chorar na hora certa.

-

-

Tome uma atitude EFICAZ

É chegado o momento de obter o resultado necessário. A eficácia está sempre presente quando estamos prontos a seguir o propósito maior da nossa vida. Quando a direção é clara, a ação torna-se ordenada e decisiva, conduzindo-nos à execução da tarefa que temos diante de nós com os melhores resultados. A eficácia dos que sabem liderar está na constante capacidade de amar o que fazem.

*Sugestões práticas para uma
atitude Eficaz:*

- Veja se suas metas estão claras.

- Você já definiu quais as suas prioridades de vida?

- Termine aquele trabalho começado e que espera por uma conclusão.

- Ponha a sua vida (correspondência, contas, telefonemas, etc.) em dia.

-

-

Tome uma atitude DECIDIDA

A atitude decidida nos convida a abandonar a condição passiva de ficar apenas "desejando", dando-nos um impulso para a ação. O desejo pode ser passivo e nos separa do que queremos criar. A vontade é o que nos impulsiona a agir e a escolher uma única alternativa, deixando momentaneamente de lado todas as outras. Desse modo, possibilitamos que a energia volte a fluir. Experimentar conscientemente um ato de vontade é dar expressão à capacidade de autodeterminação que carregamos na Alma. Este talvez seja um momento de deixar de ser passivo e tomar uma decisão importante.

Sugestões práticas para uma atitude Decidida:

- "Querer é poder." Quem sabe você está querendo parar um hábito que já não lhe faz bem.

- Use a sua força de vontade para fazer afirmações positivas e construtivas para a sua vida.

- Seja pró-ativo; reações negativas e automáticas drenam a sua vitalidade.

- Presenteie a sua "criança interior" com algo de que ela gosta muito.

-

-

Tome uma atitude COOPERATIVA

Onde há cooperação não existem disputas de poder. A atitude cooperativa é aquela que enfatiza os pontos de convergência dentro de um grupo ou num relacionamento para criar solidariedade e parceria. Quando cooperamos, reconhecendo a dignidade de cada ser humano e a contribuição que tem para dar, nosso poder pessoal se transforma em serviço para o bem de todos à nossa volta. A Natureza nos dá a mais bela lição do que realmente significa cooperar.

Sugestões práticas para uma atitude Cooperativa:

- Veja se há alguém, aqui e agora, que precisa da sua cooperação.

- Cuide para que as metas comuns de qualquer empreendimento sejam claramente identificadas e comunicadas.

- Para ser cooperativo, é importante saber escutar e reconhecer as idéias e visões das outras pessoas dentro de um grupo ou num relacionamento.

- Coopere com a qualidade de vida planetária: apóie a reciclagem de recursos naturais.

-
-

Tome uma atitude AMOROSA

O amor é a motivação mais essencial em tudo o que realizamos. O que nos motiva pode ser um intenso e ardente desejo de amar e ser amado, uma expressão consciente de amor fraterno e amigo ou um amor abrangente e incondicional que podemos permitir que flua através de nós para tudo e todos. A atitude àmorosa é curativa e transformadora de qualquer obstáculo no caminho da auto-realização.

Sugestões práticas para uma atitude Amorosa:

- O amor se expressa de infinitas maneiras. Descubra o seu único e incomparável jeito de amar e ame muito.

- Abra o seu coração para atos simples e amorosos de serviço às pessoas, aos animais, às plantas, enfim, a toda a Natureza.

- Transforme suas exigências em preferências. "Preferir" que algo seja de um certo modo é mais liberador do que "exigir" que algo seja do jeito que queremos.

- Jamais esqueça que o amor começa em você. Primeiro descubra-o dentro de si mesmo. Esta é a chave para sentir o amor fluindo em todas as direções e preenchendo a sua vida.

-
-

Tome uma atitude GENEROSA

Tudo na Natureza é espontaneamente generoso. Podemos ser generosos na ação, no sentimento e no pensamento. Quando *agimos* generosamente, partimos de uma consciência de prosperidade e abundância, na qual a ênfase está na qualidade e não na quantidade. Quando *sentimos* generosamente, nossa doação é espontânea e invisível. Quando *pensamos* generosamente, compreendemos que a alegria de dar e a capacidade plena de receber são partes de uma única dádiva.

Sugestões práticas para uma atitude Generosa:

- Veja se há algo que você pode dar a alguém que o fará muito feliz.

- Perceba o que você recebeu generosamente de alguém e agradeça com o coração.

- Receba com alegria as dádivas da vida refletidas em um dia de sol, no canto de um pássaro, no ar que você respira, no motorista que dirige o ônibus...

- Agradeça, agradeça, agradeça. A gratidão é como um combustível que alimenta o poder da generosidade dentro de nós.

- Pratique o ato de dar sem exigir nada em troca; isso o levará a descobrir como funciona a Lei da Abundância.

-

-

Tome uma atitude SÁBIA

Para agir com sabedoria, é preciso abrir o coração e invocar a presença da Consciência Divina dentro de nós. A atitude sábia emerge gradualmente quando reconhecemos a necessidade de aprender com cada experiência vivida com inteireza, seja ela positiva ou negativa. A sabedoria que vem da Alma nos ensina a ver além das aparências dos fatos e ir direto ao verdadeiro significado de cada acontecimento no universo magnífico de Deus.

Sugestões práticas para uma atitude Sábia:

- Veja se você tem escutado a sua voz interior e obedecido aos sinais que ela está lhe comunicando.

- Olhe para a realidade das coisas sem negação ou pré-julgamentos.

- Aceite a realidade sem antagonismos e sinta a energia que emerge para fazer tudo o que precisa ser feito.

- Há um tempo para tudo. Dê tempo ao tempo.

-

-

Tome uma atitude ALTERNATIVA

Quando ficamos muito tempo presos aos nossos condicionamentos, ou quando nos permitimos limitar por crenças que já ficaram no passado, é chegado o momento de tomar uma atitude alternativa. Essa atitude permite que busquemos novas perspectivas e possibilidades que antes não enxergávamos. Tomar uma atitude alternativa significa que podemos exercer nosso poder de escolha livremente, sem imposições de crenças limitantes, pois percebemos a variedade e diversidade de escolhas que a vida nos oferece.

*Sugestões práticas para uma
atitude Alternativa:*

- Sinta-se livre para escolher. Não permita que um excesso de tradicionalismo o impeça de enxergar novos horizontes.

- Apóie o surgimento de experiências novas em sua vida.

- Passe cada vez mais a consumir produtos que contribuam para o equilíbrio entre o ser humano e a Natureza.

- Procure identificar todas as coisas que podem tornar a sua vida mais simples e coerente com o que você pensa, sente e faz. Por exemplo, evite acumular coisas que a tornem muito complicada.

-

-

Tome uma atitude ADAPTÁVEL

Com a rapidez com que as coisas acontecem neste momento do Planeta, é preciso ser muito adaptável. Nossa Alma tem uma grande capacidade de adaptação, pois nessa dimensão de consciência estamos cientes de que tudo é impermanente e muda a todo instante. A verdadeira adaptabilidade nós a encontramos quando buscamos o contato com a nossa Essência Divina e paramos de resistir às inevitáveis mudanças que a vida nos propõe. Os que estão firmes na busca do autoconhecimento reconhecem a necessidade de atitudes adaptáveis.

Sugestões práticas para uma atitude Adaptável:

- Relaxe em relação ao tempo do relógio. Procure perceber um tempo mais interno e menos cronológico e experimente estar sempre "no tempo certo".

- Se você tem uma atividade sedentária, faça alguma coisa que estimule a vitalidade do seu corpo.

- Olhe para todos os seus relacionamentos como processos de aprendizagem para você se conhecer melhor.

- Cuidado com a inércia. Adaptabilidade não é acomodação.

-

-

Tome uma atitude DIPLOMÁTICA

É possível que uma situação delicada esteja pedindo uma atitude diplomática. Isso implica suavidade e tato para evitar atritos e irritabilidade. O gesto preciso e gentil, a palavra correta podem aliviar situações de estresse no ambiente em que vivemos ou no interior de nossas consciências.

Sugestões práticas para uma atitude Diplomática:

- Afirme o seu valor, porém sem exigir reconhecimento.

- Recuse-se elegantemente a aceitar qualquer coisa que humilhe ou deprecie a si e aos outros.

- Cuide para que pensamentos negativos e emocionalizados não interfiram na sua conexão com a Divindade Interior.

- Procure falar pausada e claramente tomando consciência do valor de suas palavras.

-

-

Tome uma atitude PARTICIPATIVA

Quando a luz da Alma começa a se irradiar na nossa vida, sentimos um grande impulso para participar na transformação e na cura planetárias porque sabemos que não podemos jamais estar isolados ou separados de nossos irmãos e irmãs humanos e de toda a Natureza. A atitude participativa nos estimula a compartilhar com o "todo maior" o significado único da nossa singularidade, adicionando valor e qualidade de consciência ao meio em que vivemos.

Sugestões práticas para uma atitude Participativa:

- Compartilhe com as pessoas que ama o que tem aprendido a respeito de si mesmo.

- Reconheça as mudanças que tem vivenciado e que o tornam mais participativo.

- Você é uma pessoa única e especial em todo o universo. Saiba disso e participe da vida com muita alegria.

- Em grupo, no relacionamento a dois, participe com uma escuta atenta, uma visão clara e uma atenção amorosa para com todos.

-

-

Tome uma atitude AUTÊNTICA

A originalidade de uma criança está na sua maravilhosa capacidade de se expressar com autenticidade. A "criança eterna" que vive dentro de nós, facilmente nos convida a tomar atitudes autênticas e nos surpreende pela espontaneidade e ausência de medo em revelar a nossa verdadeira face. Quando somos autênticos, dispensamos todo e qualquer tipo de máscara que venha a impedir a expressão de nossa verdadeira identidade.

*Sugestões práticas para uma
atitude Autêntica:*

- Qual é a resposta mais autêntica que você daria hoje à pergunta: "Quem sou eu?"

- Faça aquilo que você disse que ia fazer.

- Quando cometer algum erro, admita-o, sem, porém, culpar-se. A culpa irá encorajá-lo a se sentir no direito de errar outra vez.

- Dê as boas-vindas à sua "criança interior". Ela, mais do que ninguém, sabe rir, divertir-se e, principalmente, viver com autenticidade o momento presente.

-

-

Tome uma atitude RESPONSÁVEL

Mudamos o mundo ao mudar a nós mesmos. Para isso é necessário que sejamos responsáveis. A atitude responsável é altamente potencializadora quando respondemos ao que nos é atribuído, a partir de um centro de confiança e alegria interior. Esse centro transmuta o peso do dever ou de obrigação em leveza e habilidade para responder ao que a vida nos propõe. Agir com responsabilidade é se dar ao prazer de pôr em prática os nossos melhores talentos.

*Sugestões práticas para uma
atitude Responsável:*

- Assuma total responsabilidade pelo seu bem-estar. Você é uma pessoa muito talentosa.

- Sinta-se merecedor das magníficas dádivas de Deus.

- Faça uma lista dos talentos e habilidades que você tem. Reconheça as coisas que mais ama fazer e sinta como é leve o peso da responsabilidade.

- Veja que direcionamento você quer dar à sua vida. Como você é responsável, toda experiência se transformará em rica aprendizagem.

-

-

Tome uma atitude APRECIATIVA

A consciência se expande e vibra em todos os seres quando olhamos para o mundo com olhos que sabem apreciar. O valor da apreciação consiste em saber que estamos sutilmente conectados, e a mais leve onda de apreciação é suficiente para elevar os espíritos e mudar uma situação desafiante. A atitude apreciativa é a expressão autêntica da nossa capacidade de gerar energias positivas a todo instante, reconhecendo nas pessoas e nas situações o seu verdadeiro valor.

Sugestões práticas para uma atitude Apreciativa:

- Pratique a apreciação afirmando os pontos positivos e criativos nas pessoas e situações da vida.

- Abrace pelo menos 4 pessoas hoje. Diga-lhes o que aprecia nelas.

- Reconheça internamente e afirme o que mais aprecia em si mesmo.

- Surpreenda uma pessoa escrevendo-lhe uma nota de apreciação. (Por exemplo: "Querida..., obrigada por você ser tão cuidadosa e bem-humorada." Ou: "Aprecio profundamente a sua crescente capacidade para amar.")

Tome uma atitude PURA

Toda ação realizada com um sentimento de inteireza no coração é organicamente pura. Para tomar uma atitude pura é preciso perceber que só quando escolhemos ir além do conflito, do medo e da ilusão, é que estamos dizendo sim a um processo de purificação íntima e despoluindo o meio ambiente de nossas consciências. Somos essencialmente puros sempre que nossos pensamentos, emoções e atos estão em sintonia com a visão maior de nossa Alma.

Sugestões práticas para uma atitude Pura:

- Comece cada dia como se estivesse diante de tudo pela primeira vez. Permita-se renovações, renascimentos, inspirando-se num contato mais consciente com a Natureza.

- Pensamentos negativos poluem o corpo e o meio ambiente muito rapidamente. Veja como anda o seu pensar.

- Faça qualquer coisa que lhe permita sentir-se puro. (Ex.: Tomar bastante água pura, um banho especial, ouvir uma peça musical, fazer um momento de silêncio e entrega à sua Essência Interior, dizer uma oração...)

- Visualize todo o seu ser envolto na mais sublime luz da Alma e sinta a força purificadora que emana daí.

-

-

Tome uma atitude SENSUAL

A atitude sensual é aquela que nos torna verdadeiramente conscientes do sentir e nos convida a estar presentes com todo o nosso Ser quando tocamos, ouvimos, olhamos intencionalmente para alguém ou para alguma coisa, quando saboreamos alimentos e percebemos fragrâncias e odores no mundo que nos cerca. A atitude sensual nos leva a experimentar o princípio de unidade que está por trás de tudo o que é vivido consciente e amorosamente com os nossos sentidos. Quando estamos sensualmente atentos, nossa Essência Divina se gratifica intensamente e nos libertamos da ilusão da separatividade.

*Sugestões práticas para uma
atitude Sensual:*

- Não tenha medo de sentir prazer. O prazer é ainda maior quando o sentimos com a Alma.

- Medite sobre o seguinte: as experiências com os sentidos (visão, audição, olfato, paladar e tato) são diretas, intransferíveis e essencialmente unificadoras.

- Procure estar sempre atento ao que pode descobrir com os sentidos. Quando os cinco sentidos se tornam plenos, há outros mais sutis a serem descobertos e desenvolvidos.

- Deleite-se nos sentidos maravilhosos que o Criador lhe concedeu. O maior pecado é embotar esses dons divinos.

-

-

Tome uma atitude ALEGRE

A alegria e a leveza são parceiras inseparáveis. Não se pode tomar uma atitude alegre e, ao mesmo tempo, sentir o peso da crítica, da inveja, da suspeita, do ciúme, enfim, de todas as formas negativas e pesadas de sentir. A alegria convida ao riso e o riso é bom para o coração, para o aparelho digestivo, para o fortalecimento dos músculos e para ativar todas as funções criativas do cérebro. Quando escolhemos o caminho da alegria, todas as nossas atitudes ganham um brilho especial.

*Sugestões práticas para uma
atitude Alegre:*

- Brinque mais com as situações da vida. Não leve a vida tão a sério.

- Cante mais, dance mais. Mesmo que o canto seja silencioso, mesmo que a dança seja seu simples caminhar.

- Quando foi a última vez que você deu boas risadas? Se você não lembra é porque já faz muito tempo.

- O que é mais importante para você? Ser feliz ou estar sempre certo?

-

-

Tome uma atitude COERENTE

Manter-se firme e decidido numa situação desafiadora é o verdadeiro exercício da coerência. Nesta hora, é preciso que a clareza dos pensamentos, o apaziguamento das emoções e o equilíbrio dos gestos sejam um reflexo da nossa conexão com a luz coerente da Alma. Como um facho de *laser*, dirigimos o nosso foco firmemente sobre as metas e valores a serem alcançados, ao mesmo tempo que nos recordamos da nossa unidade com o todo.

*Sugestões práticas para uma
atitude Coerente:*

- Se você não está vivendo segundo a sua visão, veja se há conflitos do passado ou do presente que necessitam da sua atenção, para que possa seguir adiante.

- Pratique aquilo que você prega. Perceba se há coerência entre o seu sentir, pensar e agir.

- Medite sobre duas situações aparentemente contraditórias na sua vida. Eleve sua consciência para um ponto de transcendência, além das contradições, e encontre um significado coerente para que elas estejam na sua vida.

- Potencialize o poder de suas palavras evitando conversas inúteis.

-

-

Tome uma atitude IMPECÁVEL

É muito comum que nos sintamos culpados por experiências negativas do passado, vividas sem a percepção amorosa que gostaríamos de ter tido então. Quando estamos dispostos a perdoar, a Alma nos concede o dom de podermos admitir a nossa impecabilidade. A atitude impecável nos convida a ser e agir segundo a percepção mais elevada que temos de nós mesmos e dos outros, além das aparências e das limitações do ego. O eterno presente é o único tempo e lugar onde poderemos nos sentir livres da culpa e dar um passo adiante em qualquer situação nova, de modo impecável.

*Sugestões práticas para uma
atitude Impecável:*

- Veja se há padrões repetitivos na sua vida; reconheça-os como se fossem pedidos de oração e libere-os na luz maior do seu Ser.

- Perdoe a si mesmo e a toda experiência vivida no desamor ou na ignorância. Abra o seu peito e permita que a sua Essência Divina o preencha de perdão.

- Note três boas qualidades numa pessoa com quem não tem afinidades.

- Procure ajudar, mas sem se transformar em mártir ou vítima. Entregue a Deus os seus atos.

-

-

Tome uma atitude PRAZEROSA

Quanto mais aprendemos a amar e a aprovar o nosso Ser a partir de uma consciência de auto-aceitação, mais prazerosas serão as nossas atitudes na vida. O prazer participa da nossa vida quando nos libertamos da necessidade de agradar os outros apenas para ter a sua aprovação, ou quando a instabilidade dos humores em nós e nos outros não afeta a nossa auto-estima. O prazer torna-se consciente em cada ato, em cada gesto, quando reconhecemos que o amor e o respeito que podemos sentir por nós mesmos e pelos outros está sempre disponível na dimensão da Alma.

*Sugestões práticas para uma
atitude Prazerosa:*

- Faça hoje aquilo que mais gosta de fazer.

- Jamais deixe para amanhã o que você pode fazer, sentir, viver hoje, com muito prazer.

- Faça as coisas com bastante atenção e veja como isso é prazeroso.

- Em primeiro lugar, ame o que você faz e verá que isso é muito mais prazeroso do que só fazer o que gosta.

-

-

Tome uma atitude CONCENTRADA

Quando as distrações na mente começam a desviar a nossa percepção de um caminho construtivo, é preciso parar e concentrar a atenção naquilo que é verdadeiramente relevante no momento presente. A mente superior, aquela parte clara, luminosa e criativa de nós mesmos, está sempre disposta a nos servir. A energia segue o pensamento e a nossa atenção consciente é que vai determinar o modo como criamos a vida instante a instante. Uma atitude concentrada diante de certos desafios multiplica a nossa energia e evita acidentes desnecessários.

*Sugestões práticas para uma
atitude Concentrada:*

- Faça exercícios de concentração: pelo menos uma vez por semana, tente realizar algo prestando atenção aos mínimos detalhes (por exemplo, arrancar o mato do jardim, regar as plantas em casa, fazer limpeza, lavar e passar roupas, etc.).

- Diminua a velocidade com que faz as coisas. Se você for um tipo apressado, diminua sua velocidade em 50%; se for muito lento e preguiçoso, faça o inverso: aumente a sua velocidade em 50%.

- Dedique pelo menos 15 minutos por dia para escutar melhor as pessoas; escute-as com toda a atenção.

- Em intervalos regulares durante o dia, deixe à sua volta lembretes que lhe façam recordar de seres que você ama. Procure perceber, sentir, imaginar como determinada pessoa está se sentindo e envie-lhe vibrações "concentradas" de amor.

-
-

Tome uma atitude MEDITATIVA

Para viver a atitude meditativa é preciso compreender o silêncio, e para compreender o silêncio é necessário reconhecer o valor e o poder da palavra, do som. Isso é apenas um começo; mas quando calamos o ruído interno de crenças, condicionamentos, ideologias e acontecimentos passados e nos entregamos ao silêncio interior, nossa Alma se revela e nos mostra a sua verdadeira face. Uma vez vivenciada a "unidade da vida" no centro do Ser, tudo se torna meditação.

*Sugestões práticas para uma
atitude Meditativa:*

- Procure falar apenas quando se sentir inspirado a fazê-lo. Sua voz se fortalecerá e sua palavra se transformará em vibração pura.

- Reserve-se alguns minutos de silêncio e quietude todos os dias.

- Valorize o silêncio. Cuide do tom da voz e atente para o volume de aparelhos sonoros dentro de casa.

- Pratique a presença da Alma em seu coração sintonizando-se sempre com o momento presente.

- Faça caminhadas silenciosas no campo ou no parque de uma cidade. Comungue com os sons naturais à sua volta.

-

-

Tome uma atitude PERSEVERANTE

A atitude perseverante traz sempre bons resultados. A personalidade enxerga as influências contrárias, as oposições e se desencoraja. Nossa Alma vem ao seu encontro e o encoraja a transcender limitações. Quando persistimos com ritmo e graça e em sintonia com os sinais que a vida nos dá, estamos simultaneamente purificando e transformando o "chumbo" da impaciência ou do desalento no "ouro" da auto-realização.

*Sugestões práticas para uma
atitude Perseverante:*

- Abençoe as pessoas que eventualmente criam dificuldades no seu caminho. Note como elas trazem instruções importantes e espelham facetas de você mesmo que antes você não conhecia.

- Tome consciência das experiências que lhe foram mais instrutivas nos últimos tempos.

- Não desista diante da primeira dificuldade. Acalme-se. Respire. Continue.

- Seja fiel para as suas convicções mais elevadas. Uma pessoa verdadeiramente consciente vale muito.

-

-

Tome uma atitude REVERENTE

A atitude reverente se traduz em sentimentos ternos e na disposição de aprofundar os relacionamentos com as pessoas e todos os seres da Natureza. Uma forte tempestade, a delicadeza de uma flor, assim como o misterioso processo de crescimento de um bebê no útero materno inspiram a reverência pela vida. Nossa Alma muitas vezes nos coloca em situações nas quais devemos exercitar uma devoção reverente e nos conscientizar da vasta interconexão que existe entre todos os seres. É fácil ser reverente quando nos maravilhamos diante dos muitos milagres da vida e percebemos a presença do sagrado nas ações mais rotineiras.

*Sugestões práticas para uma
atitude Reverente:*

- Vá a um templo, ou a algum lugar que considere sagrado, e sinta reverentemente a presença do silêncio.

- Telefone para os seus pais (ou pense neles) e diga-lhes o quanto os ama.

- Faça alguma coisa pelos mais idosos e os de pouca idade. Aja, sinta ou pense em alguma coisa que pode trazer alegria para eles.

- Quais foram os instrutores mais importantes da sua vida até este momento? Dê-se um tempo para lembrar e agradecer-lhes pela instrução recebida.

- O que você tem feito ultimamente que tem acrescentado valor à sua vida e, conseqüentemente, ao ambiente em que vive?

-

-

Tome uma atitude MADURA

Quais os talentos e as habilidades que tem desenvolvido naturalmente na sua vida? Reconhecer e afirmar positivamente o valor de suas capacidades estimula a manifestação de atitudes maduras. A maturidade torna-se orgânica quando estamos dispostos a reconhecer os processos de crescimento vividos e decidimos aplicá-los para criar recursos e situações nos quais todos são estimulados a crescer naturalmente.

*Sugestões práticas para uma
atitude Madura:*

- Assuma 100% de responsabilidade pela sua vida e entenda que só você pode decidir qual o melhor caminho a seguir.

- Há alguém de pouca idade precisando de seus cuidados? Demonstre a essa pessoa a sua maturidade oferecendo-lhe amor e segurança.

- Não esqueça da sua criança interior. Um ego maduro se abre para a orientação que vem da Alma e resgata a criança interior de suas dificuldades e birras.

- Quais os frutos maduros da sua vida? Quais os que ainda estão verdes? Os maduros estão prontos para lhe dar apoio enquanto espera a maturação dos verdes.

-

-

Tome uma atitude ALTRUÍSTA

Quando alcançamos os níveis mais amorosos de nossa consciência, sentimos uma alegria profunda em compartilhar a nossa energia e vitalidade com todos. Quando atendemos às necessidades dos outros como se fossem as nossas, criamos um estado de união e abundância que supre natural e sincronicamente os nosso atos. A atitude altruísta acontece de modo espontâneo e silencioso e visa o bem do outro, seja ele uma pessoa ou um Ser qualquer da Natureza. Nesse processo, aprendemos que quanto mais damos, mais espaço criamos para receber e passar adiante o fluxo de vida eterna e abundante que se faz presente em cada ato de serviço altruísta.

Sugestões práticas para uma atitude Altruísta:

- O caminho do serviço é circular. Quanto mais servimos, mais estamos sendo servidos. Pratique o ato de servir espontânea e desinteressadamente.

- A Natureza precisa imensamente do nosso altruísmo. Use todo e qualquer recurso natural (ar, alimento, combustíveis, papel, etc.) com consciência e gratidão.

- Atenda às necessidades dos outros como se fossem as suas. Isso põe em ação uma lei sutil de abundância e prosperidade.

- Dentro da sua casa, veja quem mais precisa da sua atenção e carinho neste momento.

-

-

Tome uma atitude PROVEDORA

A Mãe-Terra dá de si a todas as criaturas que vivem no seu espaço sem pedir nada em troca. Quando utilizamos os seus recursos corretamente, estamos recebendo tudo o que necessitamos. A atitude provedora nos coloca na posição de perceber onde estão os recursos disponíveis e como distribuí-los e usá-los de modo adequado para que todos deles participem. A ação provedora busca e descobre as formas de nutrir o que quer que esteja pedindo a nossa atenção com recursos materiais, afetivos ou mentais e providencia o que for necessário para que algo aconteça efetivamente.

*Sugestões práticas para uma
atitude Provedora:*

- Veja se há alguma "energia parada" na sua casa ou no seu ambiente de trabalho. Faça essa energia circular doando objetos de que já não precisa ou que se acumularam.

- Faça circular idéias positivas. Forneça ao meio ambiente os seus melhores pensamentos e sentimentos.

- Evite o consumismo excessivo. O que é supérfluo em nossas vidas se transforma em carência mais tarde.

- Cuide bem da sua saúde. Para ser um bom provedor ou provedora, é preciso estar de bem com a força da vida interior.

-

-

Tome uma atitude LIBERADORA

Muitas vezes o ego nos aprisiona em crenças e valores do passado que não são mais verdadeiros para nós. Tomamos uma atitude liberadora quando inspiramos profundamente a luz da nossa Alma e permitimos que essa mesma luz revele o potencial de renovação que carregamos interiormente e dissolva crenças aprisionantes. Viver inteiramente o momento presente é a atitude mais liberadora que existe.

Sugestões práticas para uma atitude Liberadora:

- Comece a fazer hoje o que disse que ia fazer ontem.

- Solte o último fiozinho de desconfiança que impede você de relaxar completamente.

- Libere as rugas da testa preocupando-se menos e ocupando-se mais com as dádivas que o momento presente nos traz.

- Observe o vôo de um pássaro. Voe com ele.

-

-

Tome uma atitude PATERNAL

Qualquer pessoa que tome uma atitude paternal irá irradiar energia e vitalidade. Não faltará amor para conhecer o que ainda é desconhecido, amor pela ação que vitaliza e ancora aquilo que foi visualizado. A energia do "pai" dentro de nós inspira a vivacidade e torna consciente o valor de saber usar amorosamente a vontade para estimular a verdadeira criatividade.

Sugestões práticas para uma atitude Paternal:

- Siga, sem duvidar, um palpite intuitivo.

- Ouse dizer a alguém aquilo que há muito tempo quer dizer amorosa e elegantemente.

- Seja um exemplo vivo da liderança que segue a voz e a sabedoria do coração.

- Mantenha a visão clara, a coluna ereta e o coração tranquilo.

-

-

Tome uma atitude COMPASSIVA

A atitude compassiva nos une pelo Amor a todos os seres do universo de Deus. Somos compassivos quando podemos sentir no nosso coração o mesmo que o outro está sentindo sem nenhuma separatividade. É o Amor da Alma que nos inspira a compaixão e abre um espaço interior onde o outro cabe, *assim como é*, no eterno presente.

Sugestões práticas para uma atitude Compassiva:

- Aceite-se a si mesmo, assim como é, incondicionalmente.

- Pratique a presença da Alma na sua vida. Sinta-a como se fosse o seu grande amor ou um filho muito amado.

- Não tenha pressa. O barco não vai sair até que todos estejam dentro dele.

- Você já regou suas plantas hoje? Já fez um carinho em alguém? Já cuidou do seu bichinho de estimação?

-

-

Tome uma atitude PRAGMÁTICA

É preciso ter os dois pés no chão e estar aberto para viver experiências significativas. Pensar e sonhar demais pode bloquear o desenvolvimento de um processo que já está claro. A verdade só pode ser compreendida quando colocada em prática. A atitude pragmática sempre encontra os meios de transformar um ideal em realidade.

Sugestões práticas para uma atitude Pragmática:

- Observe o uso da palavra. É importante praticar o que pregamos.

- Ponha em prática aquele sonho. Se for a construção da casa, comece comprando a fechadura; dê o primeiro passo, mesmo que a caminhada seja de mil passos.

- Conecte-se com o lado prático e sensato da sua polaridade feminina interior.

- Busque o caminho mais simples e prático de chegar à sua meta. Evite complicações desnecessárias.

-

-

Tome uma atitude POÉTICA

Para tomar uma atitude poética, precisamos estar conscientes da beleza, do ritmo e da expressão mais criativa que podemos manifestar em momentos de inspiração. O poeta dentro de nós salta e se expressa com alegria quando notamos a grandeza da vida e sintetizamos em linguagem clara e simples o que nos vem do coração. A força de uma atitude poética está na expressão sensível da beleza que ganha significado nos mínimos detalhes e rima com a alegria que queremos expressar.

Sugestões práticas para uma atitude Poética:

- Use mais a sua imaginação criativa. Adicione detalhes significativos ao seu ambiente cultivando o belo com simplicidade.

- Note onde estão as flores e os pássaros da sua cidade. Sinta-lhes a fragrância, escute-lhes o canto.

- Na vida, no trânsito, na fila do banco, beije a alegria enquanto ela passa.

- "Para ser grande, sê inteiro; nada teu exagera ou exclui." (F. Pessoa)

-

-

Tome uma atitude MODESTA

A atitude modesta nos coloca sempre em situações favoráveis porque conscientizamos o valor da humildade. A verdadeira humildade surge quando percebemos que tudo o que enche, mais tarde se esvazia, e tudo o que sobe, uma hora irá descer. O exercício desta atitude desenvolve o senso de igualdade, simplifica as estratégias e não impõe condições prévias. Na atitude modesta esconde-se a verdadeira grandeza de uma pessoa.

Sugestões práticas para uma atitude Modesta:

- Realize suas tarefas sem precisar chamar a atenção sobre si mesmo. Reconheça que fazer as coisas com zelo e carinho já o enchem de satisfação.

- Faça algo que considera importante, mas sem grande alarde.

- Seja uma pessoa naturalmente charmosa. Tenha fé na sua singularidade.

- Modéstia e persistência andam juntas. A delicada modéstia da água é capaz de perfurar pedras, no tempo certo.

-
-

Tome uma atitude INOCENTE

Só é possível tomar uma atitude inocente quando internamente nos sentimos livres da culpa. Quando uma criança está aprendendo a andar e cai, inocentemente se levanta e tenta outra vez. Se se sentisse culpada pela queda, teria muita dificuldade de andar outra vez. Sua atitude inocente não visa lucros, nem tem segundas intenções; ela apenas responde com espontânea simplicidade ao momento presente. As atitudes que tomamos conectados com a Alma no coração nos colocam sob a proteção da inocência e, portanto, é fácil e natural prosseguir.

*Sugestões práticas para uma
atitude Inocente:*

- Veja se você tem expressado candura e atenção para consigo mesmo. Isso abre a porta para que você faça o mesmo com os outros.

- Inspire-se nas crianças, observando-as em ação. Tente religar-se com a sua criança interior.

- O único antídoto para a culpa é o perdão. Entregue-se ao Amor da Alma e perdoe-se.

- Viva o momento presente em toda a sua intensidade.

-

-

Tome uma atitude TELEPÁTICA

A atitude telepática nos insere na dimensão da verdadeira comunicação. Se nos sincronizarmos com essa atitude hoje, por certo iremos nos conscientizar da importância de saber escutar. A verdadeira comunicação se dá quando sabemos escutar a voz da Alma no silêncio da nossa consciência. É provável que o convite hoje seja mais para ficar na escuta do que no discurso. Se assim procedermos, teremos a chance de canalizar a palavra correta na hora e lugar apropriados.

*Sugestões práticas para uma
atitude Telepática:*

- Siga os impulsos telepáticos que lhe chegam à mente. Preste atenção aos pensamentos e imagens luminosas que chegam com a qualidade luminosa do entendimento. Irradie-os.

- Visualize imagens criativas e qualitativas refletidas em áreas do Planeta que necessitam de cura e elevação espiritual.

- Abra os ouvidos ao coração. Saber escutá-lo é uma arte que nos leva a comunicar o melhor em nós mesmos.

- Use bem a dádiva do telefone. Veja se você está mantendo as conversas telefônicas no padrão de tempo e qualidade que você escolheu.

-

-

Tome uma atitude SOLIDÁRIA

Na Natureza, tudo está inter-relacionado e funciona interdependentemente. Se a sua vida ficou, de repente, sem cor ou sem relacionamentos significativos, talvez você tenha esquecido momentaneamente do fato de que somos um grande sistema harmônico de relacionamentos. Então, precisamos enfatizar a força de nossos relacionamentos e não a posição hierárquica que ocupamos na Natureza, em casa, ou no trabalho. A atitude solidária coloca na correta perspectiva os valores humanos que queremos tornar vivos e atuantes. Somos um sistema vivo de relacionamentos e experiências significativas e todos são fundamentalmente importantes para o Todo.

Sugestões práticas para uma atitude Solidária:

- Acredite na força do trabalho de equipe. Faça mutirões em casa para limpar o jardim, a garagem, etc. Vitalize-se trabalhando em grupo.

- Consuma produtos cujos fabricantes estejam voltados para o desenvolvimento de uma ética ecológica.

- Faça ecologia em casa. Limpe e arrume a sua bagunça sem esperar que os outros o façam primeiro.

- Evite a obsessividade quanto a ser "especialista em alguma coisa". Seja, porém, especialmente competente em tudo o que fizer.

-

-

Tome uma atitude INTUITIVA

Primeiro aquiete-se e, em seguida, escute o que a sua intuição pode estar a lhe dizer. Quando a luz da intuição se acende, ela rompe as barreiras da lógica e da racionalidade e somos imediatamente impulsionados a tomar a atitude correta. Ela não deixa dúvidas e nos sentimos muito seguros para agir. Essa é uma atitude que precisamos praticar com muita intencionalidade pois, ao permitir que a razão seja acolhida na luz maior da intuição, iremos saber diretamente o que precisamos. Com o despertar do Amor da Alma no nosso coração, a faculdade intuitiva emerge como um dom natural que nos ilumina o caminho.

Sugestões práticas para uma atitude Intuitiva:

- Preste atenção às sensações intuitivas que o seu corpo pode estar indicando para você.

- Harmonize-se com o seu subconsciente agindo e pensando positivamente. Ele guarda e abre o seu canal intuitivo de contato com a Alma.

- Descubra maneiras de nutrir o hemisfério direito do seu cérebro. Faça coisas com sua mão não-dominante e exercite a sua criatividade.

- Evite muitas horas de exercícios intelectuais que possam cansar a mente. Crie um espaço silencioso na mente e aprenda a incubar suas indagações.

- Faça arte, seja divertido, criativo; seja insólito, de vez em quando.

-

-

Tome uma atitude ENTUSIÁSTICA

Quando o fogo do entusiasmo se acende, passamos a ter um interesse vivo por tudo o que queremos realizar. O ardor de querer fazer o melhor de nós mesmos se une a uma alegria despretensiosa e leve e sabemos como persistir, mesmo quando dificuldades emergem. A atitude entusiástica nos vitaliza com um fogo criador e divino e a energia está sempre presente para nos apoiar. O resultado é uma perfeita entrega à nossa Essência Divina.

Sugestões práticas para uma atitude Entusiástica:

- Se você começar a amar o que faz, naturalmente acabará fazendo o que mais ama.

- Viva na companhia de suas aspirações mais elevadas. Leia livros que estimulem a sua auto-realização.

- Procure sempre ver o melhor nas pessoas e situações. O que há de melhor em cada pessoa é que acolhe e transforma aquilo que ainda não tem consciência para ser o que realmente é.

- Realize suas tarefas com ardor, ou deixe para fazê-las quando estiver em paz consigo mesmo.

-

-

Tome uma atitude ORGANIZADA

Há muitas maneiras de ordenar a nossa vida e a atitude organizada nos leva a perceber a ordem singular de cada ser, evento ou circunstância. As coisas fluem melhor e mais organicamente quando as ordenamos segundo princípios de flexibilidade, reconhecimento de prioridades e uso sábio do tempo. A atitude organizada nos leva a perceber a ordem, o ritmo e o ritual orgânicos em tudo o que realizamos, conscientes da nossa integridade e interdependência com o meio em que vivemos.

*Sugestões práticas para uma
atitude Organizada:*

- Administre melhor o seu tempo. Reconheça a cada momento as prioridades da sua vida.

- Planeje sempre suas atividades na agenda. Tente seguir o plano organicamente. Ordem e flexibilidade se combinam muito bem.

- Avalie os rituais diários da sua vida. Perceba a qualidade de atenção que você tem dedicado a cada um deles. (Ex.: tomar banho, escovar os dentes, guiar o carro, fazer as refeições, etc., etc.)

- Note as diferentes maneiras de organizar as coisas. Sinta as pessoas, os eventos a partir da ordem interior que cada um representa no universo multifacetado em que vivemos.

-

-

Tome uma atitude TOLERANTE

Uma força interior vem em nosso auxílio quando optamos por uma atitude tolerante diante de desafios importantes. São esses desafios que nos fazem crescer e perceber que é preciso continuar por mais algum tempo, sem criar oposição ou resistência antagônica a alguma situação vigente. Quando uma atitude tolerante se instala dentro de nós é porque queremos suportar alguma coisa por mais um tempo, pois esse tempo irá dar-lhe uma nova e mais elevada perspectiva. Ser tolerante é ser capaz de responder corretamente às circunstâncias, sem se ferir ou magoar, porque o poder interior que vem da Alma é reconhecido.

*Sugestões práticas para uma
atitude Tolerante:*

- Veja se você está permitindo que suas percepções cristalizem e, por isso, afastem pessoas de você.

- Permita-se perdoar aos que não tomaram consciência de que fumar polui o ambiente e a saúde de todos os que ali convivem.

- Seja tolerante com jovens e crianças. Não confunda, porém, tolerância com permissividade. A primeira expande a consciência; a segunda embota a inteligência amorosa.

- Trabalhe em prol da comunicação clara de suas percepções a fim de evitar desentendimentos quando já é tarde demais.

-

-

Tome uma atitude TRANQÜILA

Quando a nossa consciência se liberta da necessidade de obter resultados imediatistas e percebemos a importância de estar atentos ao processo que cada situação percorre, podemos ficar tranqüilos. A atitude tranqüila emerge a partir do nosso ancoramento na sabedoria interior que vem da Alma e nos concede dons maravilhosos: um discurso consciente e sem palavras supérfluas, a certeza de que até a mais turbulenta tempestade passa, assim como se calam as dúvidas num coração tranqüilo.

Sugestões práticas para uma atitude Tranqüila:

- Desenvolva alguma atividade manual. Procure um curso de tecelagem ou de modelagem, ou algo que o leve a usar as mãos em silêncio.

- Pratique a presença da sua Alma no centro do coração. Sinta a calma que vem de um contato com o Ser mais profundo.

- Reverencie os momentos de silêncio e solidão que a vida lhe oferece. Procure escutar o silêncio na agitação do mundo que o cerca.

- Desapegue-se conscientemente da compulsividade do "fazer". Concentre-se mais no "ser" quando estiver realizando qualquer tarefa.

-

-

Tome uma atitude SENSÍVEL

A atitude sensível nos posiciona delicadamente no momento presente e nos torna conscientes das ações e dos sentimentos das outras pessoas com todas as suas nuanças e implicações. Essa sensibilidade, quando conectada com a Alma, se eleva a uma dimensão mais ampla, de onde podemos descortinar facilmente o que pode estar acontecendo de relevante para o momento presente. A atitude sensível, portanto, nos capacita a prestar atenção ao eterno presente e resolver conflitos entre o que nos remete ao passado e o que nos lança no futuro. Ser sensível é estar atento à delicada teia etérica que nos une a tudo e a todos através dos pensamentos e sentimentos que emitimos.

*Sugestões práticas para uma
atitude Sensível:*

- Aquiete diariamente a sua mente, prestando mais atenção aos pensamentos que nela surgem como um observador desapegado.

- Fique atento aos seus gestos, à delicadeza e suavidade que você pode imprimir na sua vida.

- Procure se relacionar mais conscientemente com os sons e as cores do seu ambiente. Use cores adequadas. Perceba como é o tom da sua voz.

- Como você lida com o seu temperamento? O que tem feito com seus pensamentos emocionalizados? Você tem dado atenção à sua criança interior?

-

-

Tome uma atitude APAIXONADA

A atitude apaixonada desenvolve a capacidade transformadora de sentir e viver as situações com profundidade e consciência. Somos naturalmente imbuídos de devoção amorosa e de uma convicção ardente de que a nossa Alma está nos incentivando a seguir em frente sem medo, porque é mais importante estender os braços aos outros do que ficar centrados em nós mesmos. Na atitude apaixonada, uma chama se acende, ilumina o caminho que devemos seguir e nos dá energia para viver a orientação interior. A atitude apaixonada abre o caminho para a verdadeira entrega.

*Sugestões práticas para uma
atitude Apaixonada:*

- Entregue-se com ardor a uma tarefa que há muito tempo gostaria de realizar.

- Procure se ocupar com atividades que o aproximem das pessoas. Procure estar em contato com gente, com a Natureza.

- Pratique a entrega: liberte-se dos seus apegos, começando pelos menores. Tudo o que soltamos volta às nossas mãos num outro estado de consciência.

- Não tema a intimidade, a proximidade. A atitude apaixonada atrai os melhores espelhos nos quais a nossa verdadeira imagem pode se refletir.

-

-

Tome uma atitude RACIONAL

Há momentos em que a clareza de uma mente ordenada e compreensiva é como uma brisa fresca que passa e alivia a opressão de emoções confusas e escaldantes. Quando precisamos assumir uma atitude racional na vida, certamente iremos precisar ponderar os fatos com calma e precisão de modo a permitir que haja o verdadeiro entendimento. Pensamentos excessivamente emocionalizados são como a umidade se infiltrando e corroendo nossas melhores intenções. Uma dose de racionalidade é sempre bem-vinda quando há excesso de emocionalismo no ar.

*Sugestões práticas para uma
atitude Racional:*

- Estabeleça limites claros na sua vida. Eles possibilitam intercâmbios inteligentes.

- Descubra maneiras de criar mais ordem e disciplina na sua vida. Não confunda o bom direcionamento das coisas com autopunição.

- Faça um orçamento diário de seus gastos. Organize sua vida financeira. Tente manter-se dentro do seu orçamento, tendo sempre presente o que ganha e o que gasta.

- Leia um bom livro no qual você encontre idéias para educar o pensamento e desenvolver a imaginação criativa.

-
-

Tome uma atitude PACIENTE

A atitude paciente surge espontânea quando seguimos com atenção o fluir de cada momento presente. Para tomar essa atitude, é preciso que deixemos de lado a pressa e o ímpeto da emoção impensada. Em seu lugar, invocamos a calma e a capacidade maravilhosa que nos vêm da Alma de suportar com segurança e firmeza eventuais desafios e mudanças de planos. Essa atitude nos coloca num tempo diferente do tempo do relógio e percebemos que tudo segue um processo natural e orgânico. O que seria de todos os seres da criação se a paciência maternal e paternal não estivesse presente para apoiá-los no seu desenvolvimento? A paciência que vem da Alma é uma fonte infinita de apoio seguro com o qual podemos sempre contar.

*Sugestões práticas para uma
atitude Paciente:*

- Procure escutar melhor e entender melhor as diferentes expressões das crianças sempre que estiver em contato com elas. (Faça o mesmo com a sua criança interior.)

- Quando numa fila de banco ou repartição pública, procure lembrar da presença angélica em cada ser e silenciosamente procure ver o melhor nas pessoas e nas situações. Isso opera milagres.

- Diminua a velocidade com que você normalmente realiza suas tarefas, caso seja apressado demais.

- Participe de atividades grupais. Escute as pessoas; deixe que cada uma se expresse à sua vez.

-

-

Tome uma atitude SINERGÉTICA

O todo é sempre maior que a soma de suas partes. Na atitude sinergética, nossa atenção se volta para a qualidade do que queremos realizar grupalmente. Essa atitude mostra o verdadeiro valor de se trabalhar em grupo, com a energia fluindo através de todos sem preocupações com autoridade ou hierarquias. Pessoas que agem sinergeticamente realizam em muito menos tempo e com mais qualidade as atividades que lhes são destinadas. Quando tomamos uma atitude sinergética, nos colocamos à disposição da inspiração que vem da Alma e sincronizamos as ações do grupo em total harmonia.

*Sugestões práticas para uma
atitude Sinergética:*

- Seja um exemplo vivo para as crianças permitindo-lhes que sejam ouvidas e que participem, do modo como puderem, de atividades com os adultos.

- Observe, durante o dia, quantas pessoas se sentiram estimuladas pela sua presença cooperativa.

- Envolva-se com alguma causa que lhe fale diretamente ao coração.

- Valorize todo o trabalho que você realiza em grupo. Quando se trabalha com uma visão e um propósito compartilhados, a presença da qualidade é indiscutível.

-

-

Tome uma atitude MOLDÁVEL

Ser moldável é ser como a água que, sem medo e sem culpa, pode ocupar os espaços que estão disponíveis no momento presente. A água se adapta e flui preenchendo espaços que se tornam abertos, com docilidade, sem insistência, seguindo as leis básicas da vida. Penetrando, purificando, nutrindo, a atitude moldável nos conecta com os princípios de fluidez e nos torna conscientes da necessidade de deixar fluir, de deixar mudar, porém sem perder o contato com a nossa qualidade essencial.

Sugestões práticas para uma atitude Moldável:

- Esteja atento ao movimento e ao ritmo do que acontece na sua vida. Conecte-se com o observador interno e deixe que as coisas fluam no ritmo certo.

- Pratique a docilidade. À menor resistência, não insista; faça como a água: contorne a pedra.

- Veja como anda o seu jogo de cintura. Solte o peso dos ombros e alivie a tensão no maxilar. Quando as coisas não fluem como a gente quer, é porque há alguma coisa importante a ser percebida.

- Flexibilize suas crenças. Algo em que acreditamos hoje pode não ser necessário amanhã.

-

-

Tome uma atitude AGRADECIDA

Se elevarmos a nossa atenção para um ponto de maior abrangência, ficaremos imediatamente conscientes do quanto temos a agradecer. A Natureza se doa abundantemente através do ar que respiramos, da água que bebemos, de todos os seres minerais e vegetais que se oferecem para a nossa nutrição e bem-estar. Também perceberemos a rede de pessoas que trabalham anonimamente para que tenhamos conforto e facilidades no dia-a-dia. A atitude agradecida nos conecta com a graça divina e, se com ela começarmos o dia, estaremos conscientes das infinitas dádivas que a vida nos dá.

*Sugestões práticas para uma
atitude Agradecida:*

- De que maneira você começa o dia? Lembre-se sempre de agradecer pela maravilhosa dádiva da vida e pelas experiências que ela lhe oferece.

- Se você anda de ônibus, agradeça ao motorista pelo maravilhoso serviço que ele lhe presta. Lembre-se também da telefonista, do garçom, da pessoa que varre as ruas, da que trabalha na distribuição de água e de eletricidade... Agradeça!

- Para se sentir verdadeiramente agradecido, é preciso reconhecer que os recursos naturais estão à disposição de todos e devem ser bem utilizados. Sinta-se participante da abundância divina.

- Conecte-se com o coração toda vez que disser "obrigado".

-
-

Tome uma atitude RECEPTIVA

A atitude receptiva nos coloca em contato direto com as qualidades femininas da nossa polaridade interior. A receptividade nos leva a escutar mais e a nutrir silenciosamente as pessoas, as situações, enfim, todo tipo de acontecimento objetivo ou subjetivo. A atitude receptiva recebe, acolhe, absorve o que acontece à nossa volta em perfeito relaxamento. Quando precisamos agir com receptividade, é hora de seguir, muito mais do que de tomar a dianteira. Na receptividade criamos um espaço de clareza interior no qual a nossa consciência se expande e revela o que temos a aprender.

*Sugestões práticas para uma
atitude Receptiva:*

- Valorize os momentos em que pode estar consigo mesmo, para refletir, para ouvir a voz interior.

- Observe suas reações ao inesperado. Se você sabe ser receptivo, haverá mais espaço para a reflexão.

- Faça exercícios de relaxamento para desbloquear tensões corporais.

- Faça uma revisão do seu dia: você consegue pensar em três ocasiões em que foi atencioso com alguém?

-

-

Tome uma atitude POSITIVA

A atitude positiva é aquela que nos convida a desistir de posições extremistas e a perceber um ponto de transcendência e equilíbrio na nossa consciência. Desse ponto, podemos ver tudo numa perspectiva mais ampla e descobrimos imediatamente uma saída criativa. Barreiras se dissolvem, desentendimentos se clarificam, porque estamos dispostos a ver o melhor em nós mesmos e nos outros.

Sugestões práticas para uma atitude Positiva:

- Fique atento aos excessos de polarização. Procure sempre ver o "princípio Único" segundo o qual todas as coisas, positivas ou negativas, se desenvolvem.

- Veja se você está depositando a sua fé em coisas exteriores (credos, pessoas). Dependa unicamente da sua Divindade Interior, o ponto de transcendência dentro de você.

- Use sua imaginação criativa, um dom da Alma, apenas para criar aquilo que quer ver manifestado na sua vida.

- Permaneça flexível diante das situações da vida. Na flexibilidade está a maior força para que a atitude positiva se expresse.

-

-

Tome uma atitude TRANSPARENTE

A transparência do ar nos conecta a tudo que respira. A força cristalina da transparência nos liberta de medos e inseguranças quando escolhemos expressar o melhor de nós mesmos. Quando isso acontece, o nosso corpo e a nossa personalidade se transformam em receptores e transmissores da luz que vem da Alma. Quando tomamos uma atitude transparente, tudo se torna visível e livre do engano.

*Sugestões práticas para uma
atitude Transparente:*

- Olhe com determinação para os pontos da sua personalidade que gostaria de mudar. Aceite-os e entregue-os à luz da Alma para que ela os purifique.

- Tire da sua vida tudo aquilo que considera supérfluo. Desde amizades, leituras, lugares que freqüenta, até as crenças que impedem que você seja você mesmo.

- Lembre-se sempre da sua criança eterna. Ela tem o estado perfeito de transparência e está à sua disposição sempre que você precisar.

- Limpe os vidros da sua casa. Deixe que a transparência exterior o inspire a ver melhor a transparência interior.

-

-

Tome uma atitude OTIMISTA

A atitude otimista tem o poder de dissipar as névoas que turvam a nossa visão, pois nos concentramos no poder da luz e do calor do nosso Sol Interior. Quanto mais afirmamos a presença da luz e do calor, mais estaremos criando a realidade adequada para cada momento. A verdadeira atitude otimista não se aliena dos desafios e aventuras que precisam ser encarados e vividos, porém tem a capacidade de transformá-los em impulsos criativos que atraem as melhores situações. Quando a nossa energia criativa se direciona para atrair e criar as condições ótimas para nossa vida, estamos tomando uma atitude otimista.

*Sugestões práticas para uma
atitude Otimista:*

- Contemple o que há de belo e de melhor nas pessoas. O benefício é mútuo.

- Procure sempre olhar para os efeitos de emoções e pensamentos nas situações da vida. Quando atentar para o modo como reage, terá tempo para corrigir o curso da energia, se necessário.

- Auto-aceitação torna possível grandes mudanças. Pratique-a e o verdadeiro otimismo será o seu parceiro de caminhada.

- Toda ação correta desfaz eventuais malefícios. Todo relacionamento consciente é uma fonte inesgotável de otimismo.

-

-

Tome uma atitude MATERNAL

Quando usamos nossa capacidade de nutrir, de apoiar, de aceitar e de servir, estamos exercitando a atitude maternal. A atitude maternal libera os nossos talentos para manifestar sentimentos de partilha, de parceria, de solidariedade e ajuda a dissolver bloqueios causados pela dominação excessiva e unilateral. O aspecto maternal dentro de nós vai apoiar incondicionalmente todo ser, coisa ou processo que necessite de força e de nutrição para crescer. Essa atitude cria o espaço para acolher nossas melhores expectativas, ao mesmo tempo que se empenha amorosamente para que tudo possa vir à luz.

*Sugestões práticas para uma
atitude Maternal:*

- O maternal dentro de nós é naturalmente modesto e livre de compulsões. Deleite-se mais com o que você faz!

- Procure sentir os momentos em que você se entrega para dar e receber. Vá além do dar e do receber e concentre-se na "entrega".

- Veja se você está consciente da diferença entre princípio e processo. A atitude maternal compreende o princípio, mas se entrega ao processo de ver alguma coisa nascer.

- Cuide bem da sua casa, da sua roupa, dos seus utensílios. Seja um bom guardião das dádivas da Mãe-Terra para você.

-

-

Tome uma atitude CURATIVA

Nunca o Planeta Terra esteve tão necessitado de cura quanto neste momento em que vivemos. A atitude curativa é necessária quando começamos a despertar para tudo o que criamos no passado de modo inconsciente. Partes da nossa consciência podem ser curadas a todo instante e essa cura se processa com maior intensidade quando reconhecemos que, no nível da Alma, contamos com todo o potencial de cura de que precisamos. Podemos curar a nós mesmos e ao Planeta quando nos libertamos de toda a negatividade e ignorância e escolhemos canalizar o nosso potencial criativo para receber e irradiar o amor que vem da Alma.

Sugestões práticas para uma atitude Curativa:

- Pratique o perdão. Sem o perdão não há cura. É como se estivéssemos acorrentados à pessoa ou situação que precisamos perdoar. O perdão libera as correntes.

- Pratique a presença da Alma. Crie um Templo de Luz interior na sua meditação e transforme-o em local de cura pessoal e planetária.

- Deixe que os Anjos participem da sua vida. Invoque a presença angélica e torne a sua vida mais leve e bem-humorada.

- Veja como você anda se alimentando física, emocional e mentalmente.

-

-

Tome uma atitude COMPROMETIDA

Quando assumimos um verdadeiro compromisso, toda a energia que vem de níveis superiores da nossa consciência fica disponível para nos ajudar. A atitude comprometida é aquela que nos liberta da necessidade de fazer coisas por dever ou obrigação porque passamos a confiar inteiramente no nosso potencial. Quando podemos assumir uma atitude comprometida é porque já atingimos o ponto de maturidade no qual percebemos que sem vocação e doação nenhum projeto poderá tomar corpo no plano físico. Quando alguém se compromete com a sua força interior ou com o princípio Único que move e vive por trás de tudo que existe, todos os Anjos de Deus estão a postos para ajudar no que for necessário.

*Sugestões práticas para uma
atitude Comprometida:*

- Decida aceitar as posições de liderança que a vida lhe oferece. Siga a orientação que vem da Alma e seja líder de si mesmo.

- Comprometa-se com aquilo que lhe dá mais alegria fazer. Seja responsável pela presença da alegria na sua vida.

- Comprometa-se em terminar uma tarefa ou um projeto inacabado. Estabeleça um período de tempo e uma data final para a conclusão.

- Qual o compromisso mais importante da sua vida? Se você tem claro que compromisso é esse, todas as suas ações se tornarão claras e estarão fortalecidas por metas claras.

-

-

Tome uma atitude AUTO-SUSTENTÁVEL

Quando o desenvolvimento do ego se dá em detrimento do desenvolvimento e do despertar da Alma em nosso coração, ficamos diante de uma situação que não se sustentará por muito tempo. Porém, quando a ênfase está no desenvolvimento da personalidade em sintonia com a Alma, teremos um ambiente seguro, sadio e pleno para crescer e manifestar a Divindade na nossa vida. A atitude auto-sustentável nos leva a pensar não só nos resultados imediatos de nossas ações, mas, principalmente, no que elas significarão para todos os seres que compartilham de um mesmo ambiente, respiram o mesmo ar e participam de uma única biosfera.

Sugestões práticas para uma atitude Auto-Sustentável:

- Veja que o que você está decidindo fazer hoje poderá ter importantes conseqüências no futuro.

- Aceite a diversidade de pensamentos e de cultura onde você vive e atua. O mundo se sustenta porque é rico em diversidades que se complementam numa rede perfeita de relacionamentos altamente sustentáveis.

- Reconheça aquelas atitudes da sua vida que já não se sustentam e substitua-as por outras mais condizentes com seus valores e com a qualidade da sua consciência.

- Conscientize-se de como usa os recursos planetários. Ajude a economia mundial:
  - usando sem desperdício todo e qualquer tipo de alimento;
  - planejando o uso do seu automóvel dia a dia;
  - separando as roupas que você não usa mais e doando-as;
  - usando água, eletricidade e combustíveis com consciência.

Tome uma atitude SENSATA

Quando nos apoiamos no senso comum e verificamos a necessidade de agir segundo os princípios básicos das leis naturais do plano físico, estamos tomando uma atitude sensata. Com isso, percebemos que é muito importante reconhecer os princípios universais que regem os processos de crescimento e evolução, admitindo que temos lições a aprender com cada situação em que nos encontramos. O ego pode ser muito insensato, principalmente quando perdemos a noção de limites e esquecemos que o despertar humano é gradual. Ser sensato é saber ir passo a passo, lidando com as coisas que imediatamente se apresentam e acolhendo com a mente aberta o que surge no momento presente.

Sugestões práticas para uma atitude Sensata:

- Cultive a sua força interior e a calma exterior. Diante de situações complicadas, tenha paciência e seja bondoso para consigo mesmo e os outros.

- Busque a verdade de um modo aberto e sem rigidez, e todos os segredos do Universo lhe serão revelados.

- Reconheça a experiência dos mais experientes. Há momentos em que é sensato pedir orientação a alguém mais sábio.

- Não deixe para depois o reconhecimento de algum erro cometido anteriormente. Mais vale um reconhecimento no tempo certo do que uma punição retardada.

-

-

Tome uma atitude SINCERA

Uma atitude sincera diante da vida nos põe em contato com os verdadeiros sentimentos e pensamentos envolvendo uma determinada situação. A liberação de toda e qualquer hipocrisia ou fingimento desperta a mente e o coração para serem mais felizes e construtivos. Para se chegar à solução ideal de uma situação desafiante, é muito importante que estejamos receptivos à verdade e ao uso correto da palavra. A atitude sincera flui naturalmente quando estamos dispostos a reconhecer e liberar preconceitos e dissolver crenças. Honestidade e sinceridade são sinônimas por nos trazer a paz interior que surge quando estamos sintonizados com a Alma.

*Sugestões práticas para uma
atitude Sincera:*

- Conscientize-se das coisas que mais o levam a reagir negativamente. Essas coisas são uma fonte reveladora de aspectos sombrios que você não aceita em si mesmo.

- Sinceridade não significa que todas as coisas devem ser ditas. A sinceridade genuína revela amorosamente a verdade sobre nós mesmos e sobre os outros na hora e no lugar certos.

- Procure maneiras de aprimorar o seu discurso. Fale palavras que estimulem e revelem a essência em cada ser.

- Todas as vezes que se olhar no espelho, faça uma apreciação sincera de si mesmo. Sinta a força interior que emerge quando somos sinceros.

-

-

Tome uma atitude INOFENSIVA

Tomar uma atitude inofensiva requer uma abertura para os níveis superiores de nossa consciência. A inofensividade é uma das atitudes mais necessárias no Planeta Terra hoje em dia. Quando reconhecemos o poder criativo que têm os nossos pensamentos e palavras, começamos a nos abster de ações e palavras que possam causar danos aos outros. A vida flui sem obstáculos e o nosso Ser se harmoniza com atos amorosos nos quais a palavra e os gestos jamais são usados para magoar ou gerar ações desatenciosas.

Sugestões práticas para uma atitude Inofensiva:

- Escolha um dia da semana para prestar total atenção às suas palavras. Procure falar apenas o que for necessário.

- Sorria mais. Relaxe os músculos do rosto intencionalmente.

- Empenhe-se em cultivar pensamentos positivos e construtivos. Desse modo, você não causa danos nem a si mesmo nem a ninguém.

- Lembre-se de, pelo menos uma vez por dia, agradecer a todos os seres da Natureza que participam, direta ou indiretamente, da sua vida dando-lhe apoio e nutrição.

-

-

Tome uma atitude CONECTADA

Como o ar que respiramos, a atitude conectada vitaliza e revela a interdependência entre nós e o mundo vivo e pulsante que nos rodeia. Quando estamos conectados, nossa atenção está sempre voltada para o que é da maior relevância no momento presente e não desperdiçamos energias com distrações desnecessárias. A conexão com a qualidade essencial de cada pessoa ou ser da Natureza cria um elo vibrante e significativo e a comunicação se estabelece sem esforço. Conectar-se com a Alma no silêncio do coração é abrir caminho para a mais pura intuição.

Sugestões práticas para uma atitude Conectada:

- Faça exercícios regulares para treinar a atenção. Comece organizando melhor a sua vida nos mínimos detalhes.

- Desenvolva uma parceria consciente com o seu subconsciente, nutrindo-o com pensamentos e afirmações positivas.

- Aprenda com seus erros. Isso pode fortalecer a sua conexão com a Alma e desenvolver a sua atenção.

- Acalme suas emoções desenvolvendo o hábito de caminhar. Emoções desgovernadas são um grande empecilho para a conexão com a Alma.

-

-

Tome uma atitude INTELIGENTE

Este é o momento de invocar a genialidade que cada Ser carrega dentro de si. A atitude inteligente nos leva a perceber o que é melhor para todos numa determinada situação e qual o significado da aprendizagem que estamos fazendo. Atuar com inteligência é ser capaz de responder com atenção amorosa e plena ao que a vida nos propõe, transformando desafios e obstáculos em sinais vivos de que alguma coisa está fora da sintonia maior de nossas vidas. Saber ler os sinais no livro da Vida e da Natureza é o exercício mais eficaz para despertar o brilho da inteligência da Alma dentro de nós.

Sugestões práticas para uma atitude Inteligente:

- Reconheça a fonte de poder interior que vem da Alma. Toda segurança e felicidade estão enraizadas dentro de você mesmo.

- Cuide para não se tornar "o dono da Verdade". Seja apenas um exemplo vivo daquilo que é verdadeiro para você.

- Reconhecer as limitações do plano físico é um ato de inteligência. Transcendê-las com a luz e o Amor da Alma é experimentar a plenitude.

- Siga a sua verdade interior, e os que estão na mesma sintonia se aproximarão para criar juntos. A verdadeira inteligência é isenta de egoísmo.

-

-

Tome uma atitude DESAPEGADA

Quanto mais conectados estivermos com a Alma, mais livres estaremos da necessidade de possuir coisas, pessoas ou situações. Quando se age por puro amor à ação, a atitude desapegada passa a permear todo o nosso Ser. Assim, podemos escolher viver e participar da vida sem reações mentais negativas ou emoções impulsivas, e nossos sentidos se aquietam para encarar a vida com desapego. Quando compreendemos definitivamente o sentido da impermanência das coisas, deixamos a vida fluir com uma maior consciência da abundância divina.

*Sugestões práticas para uma
atitude Desapegada:*

- Descubra maneiras de ajudar sem se transformar em "salvador da pátria". Libere a todos no cuidado de Deus, depois de ter feito o melhor de si mesmo.

- Encontre maneiras de servir anonimamente na cidade grande. Comece a mudar crenças paranóicas agindo com simplicidade.

- Desapegue-se da necessidade de ir adiante quando momentos de adversidade surgirem. Faça uma pausa para reflexão e procure discernir qual a instrução que a sua Alma está buscando lhe comunicar.

- Às vezes é necessário desapegar-se de uma atitude, de um relacionamento ou até mesmo de uma meta para permitir que a energia siga o caminho correto. Ao aceitar a situação com desapego, esta se reverte para o bem de todos.

-
-

Tome uma atitude DINÂMICA

A atitude dinâmica é como um fogo interior que se acende e nos impulsiona a agir com presteza e vivacidade. Quando tomamos uma atitude dinâmica, agilizamos a comunicação entre as pessoas e tiramos da inércia o nosso potencial criativo latente. O verdadeiro dinamismo surge em nossas vidas como um jato de luz purificadora que transforma dúvidas e sentimentos de incapacidade em certeza de seguir adiante com segurança. As mutações se processam de maneira orgânica e segundo leis universais, e tudo o que temos a fazer é responder com presteza à orientação interior.

Sugestões práticas para uma atitude Dinâmica:

- Faça uma lista das coisas importantes que quer realizar esta semana/mês/ano; coloque essa lista em lugar visível e planeje como realizá-las.

- Faça esportes, exercícios ou caminhadas matutinas na Natureza. Deixe o seu corpo em dia.

- O que você gosta de consertar? Que melhoramentos pode fazer na sua casa, no seu carro, no seu ambiente de trabalho, etc., neste momento?

- Faça de cada dia um motivo de celebração. Reconheça a grande dádiva de estar vivo e consciente da presença de Deus no seu coração.

-

-

Tome uma atitude SAUDÁVEL

No âmago da nossa mente carregamos o sentido e a memória de um estado de saúde perfeito e vital. Tomar uma atitude saudável implica não esquecer que somos vitalizados por um poder eletromagnético interior que nos vivifica, a todo instante, com amor e luz divina. O estado pleno de saúde se manifesta quando optamos por atender amorosa e cuidadosamente às necessidades do corpo, das emoções e da mente em sintonia com a vontade da nossa Alma. Quando fazemos isso por nós mesmos, aprendemos a fazê-lo também pelo Planeta-casa onde vivemos e que é a fonte nutridora da nossa existência.

*Sugestões práticas para uma
atitude Saudável:*

- Desenvolva novos hábitos alimentares. Pergunte-se interiormente qual é a melhor nutrição para você e siga essa orientação.

- O que você faz que adiciona valor à sua saúde e ao meio ambiente em que vive?

- Veja se você anda "falando" mais sobre a sua saúde do que "fazendo alguma coisa" para mantê-la.

- Desenvolva a capacidade de estabelecer limites e de dizer não a pessoas e situações que não cooperam com a sua saúde nem a facilitam.

-

-

SUMÁRIO

Tome uma atitude ARROJADA 17
Tome uma atitude EFICAZ 19
Tome uma atitude DECIDIDA 21
Tome uma atitude COOPERATIVA.. 23
Tome uma atitude AMOROSA 25
Tome uma atitude GENEROSA 27
Tome uma atitude SÁBIA 29
Tome uma atitude ALTERNATIVA.. 31
Tome uma atitude ADAPTÁVEL 33
Tome uma atitude DIPLOMÁTICA.. 35
Tome uma atitude PARTICIPATIVA. 37
Tome uma atitude AUTÊNTICA 39
Tome uma atitude RESPONSÁVEL.. 41
Tome uma atitude APRECIATIVA .. 43
Tome uma atitude PURA 45
Tome uma atitude SENSUAL 47
Tome uma atitude ALEGRE 49
Tome uma atitude COERENTE 51
Tome uma atitude IMPECÁVEL 53
Tome uma atitude PRAZEROSA 55
Tome uma atitude CONCENTRADA. 57
Tome uma atitude MEDITATIVA ... 59

Tome uma atitude PERSEVERANTE 61
Tome uma atitude REVERENTE 63
Tome uma atitude MADURA 65
Tome uma atitude ALTRUÍSTA..... 67
Tome uma atitude PROVEDORA.... 69
Tome uma atitude LIBERADORA... 71
Tome uma atitude PATERNAL 73
Tome uma atitude COMPASSIVA... 75
Tome uma atitude PRAGMÁTICA... 77
Tome uma atitude POÉTICA 79
Tome uma atitude MODESTA 81
Tome uma atitude INOCENTE...... 83
Tome uma atitude TELEPÁTICA.... 85
Tome uma atitude SOLIDÁRIA 87
Tome uma atitude INTUITIVA...... 89
Tome uma atitude ENTUSIÁSTICA . 91
Tome uma atitude ORGANIZADA .. 93
Tome uma atitude TOLERANTE 95
Tome uma atitude TRANQÜILA 97
Tome uma atitude SENSÍVEL 99
Tome uma atitude APAIXONADA .. 101
Tome uma atitude RACIONAL...... 103
Tome uma atitude PACIENTE 105
Tome uma atitude SINERGÉTICA... 107
Tome uma atitude MOLDÁVEL..... 109
Tome uma atitude AGRADECIDA... 111

Tome uma atitude RECEPTIVA..... 113
Tome uma atitude POSITIVA....... 115
Tome uma atitude TRANSPARENTE 117
Tome uma atitude OTIMISTA 119
Tome uma atitude MATERNAL..... 121
Tome uma atitude CURATIVA...... 123
Tome uma atitude COMPROMETIDA 125
Tome uma atitude AUTO-
SUSTENTÁVEL 127
Tome uma atitude SENSATA....... 129
Tome uma atitude SINCERA 131
Tome uma atitude INOFENSIVA.... 133
Tome uma atitude CONECTADA ... 135
Tome uma atitude INTELIGENTE... 137
Tome uma atitude DESAPEGADA .. 139
Tome uma atitude DINÂMICA...... 141
Tome uma atitude SAUDÁVEL 143